正向教育
故事系列

斑馬敏敏，
請勇破困難

蘇·格雷夫斯 著

特雷弗·鄧頓 繪

潘心慧 譯

U0108529

新雅文化事業有限公司
www.sunya.com.hk

正向教育故事系列

《正向教育故事系列》全套16冊，**旨在培養孩子正向的性格強項，發揮個人潛能，活出更精彩豐盛的人生。**

在本系列裏，動物們遭遇到孩子成長中會遇到的困境，幸好他們最終都能發揮相關的性格強項，完滿地解決事情，還得到意外驚喜。

小朋友，準備好了嗎？現在，就讓我們進入正能量世界，一起跟着

 鱷魚卡卡學**毅力**　　　　 大象波波學**仁慈**

 豹子達達學**團隊精神**　　 長頸鹿高高學**公平**

 河馬胖胖學**正直**　　　　 獅子安安學**希望**

 猴子奇奇學**審慎**　　　　 烏龜娜娜學**勇敢**

 老虎哈哈學**自我規範**　　 犀牛魯魯學**社交智慧**

 灰狼威威學**愛**　　　　　 樹懶樂樂學**熱情與幹勁**

 樹熊思思學**開明思想**　　 斑馬敏敏學**勇敢和毅力**

 奇異鳥滔滔學**自我規範**　 熊貓元元學**社交智慧**

每冊書末還設有**親子/師生共讀建議**，幫助爸媽和孩子說故事呢！

 升級功能

　　本系列屬「新雅點讀樂園」產品之一，若配備新雅點讀筆，爸媽和孩子可以使用全書的點讀和錄音功能，聆聽粵語朗讀故事、粵語講故事和普通話朗讀故事，亦能點選圖中的角色，聆聽對白，生動地演繹出每個故事，讓孩子隨着聲音，進入豐富多彩的故事世界，而且更可錄下爸媽和孩子的聲音來說故事，增添親子閱讀的趣味！

　　「新雅點讀樂園」產品包括語文學習類、親子故事和知識類等圖書，種類豐富，旨在透過聲音和互動功能帶動孩子學習，提升他們的學習動機與趣味！

　　家長如欲另購新雅點讀筆，或想了解更多新雅的點讀產品，請瀏覽新雅網頁 (www.sunya.com.hk) 或掃描右邊的QR code進入 新雅‧點讀樂園 。

如何使用新雅點讀筆閱讀故事

① 下載本故事的聲音檔案

1. 瀏覽新雅網頁(www.sunya.com.hk) 或掃描右邊的QR code 進入 新雅•點讀樂園。

2. 點選 下載點讀筆檔案 ▶。

3. 依照下載區的步驟說明，點選及下載《正向教育故事系列》的聲音檔案至電腦，並複製至新雅點讀筆的「BOOKS」 資料夾內。

② 點讀故事和選擇語言

啟動點讀筆後，請點選封面 新雅•點讀樂園，然後點選書本上的故事文字或說話的人物，點讀筆便會播放相應的內容。如想切換播放的語言，請點選每頁左上角的 粵/書 粵/口 普 圖示，當再次點選內頁時，點讀筆便會使用所選的語言播放點選的內容。

語言圖示說明

粵語
朗讀故事

粵語
講故事

普通話
朗讀故事

安安的體形的確太大了，他無法坐上小型賽車，不過他一點都不介意，還去班大賞沒遲。安安覺得這個機動遊戲更好玩呢！

然後大鳥老師看看手錶，她說時間剛剛好，大家還來得及一起去玩沖天過山車。那是森林樂園裏最高、最快、最刺激的機動遊戲！

20

❸ 播放整個故事

如想播放整個故事請點選下面的圖示：

❹ 製作獨一無二的點讀故事書

爸媽和孩子可以各自點選以下圖示，錄下自己的聲音來說故事！

1. 先點選圖示上 爸媽錄音 或 孩子錄音 的位置，再點 OK，便可錄音。
2. 完成錄音後，請再次點選 OK，停止錄音。
3. 最後點選 ▶ 的位置，便可播放錄音了！
4. 如想再次錄音，請重複以上步驟。注意每次只保留最後一次的錄音。

爸媽請使用
這個圖示錄音

孩子請使用
這個圖示錄音

斑馬敏敏不太懂面對困難,她總是有很多憂慮。在學校,大鳥老師說今天要做新的數學題。

敏敏開始緊張。她想，如果我不會做怎麼辦？全部做錯怎麼辦？

在遊戲時間，敏敏也很擔心，因為她不像猴子和獅子，能用力把足球踢得十分遠。

灰狼哈哈大笑，說敏敏不會踢足球。敏敏很難過，她不喜歡灰狼說她沒用。

猴子和獅子叫敏敏不要擔心。他們說，只要不斷嘗試，盡力而為，踢得好不好並不重要。

他們説，最重要的是絕不放棄！但敏敏仍然感到很難過。

有一天早上，大鳥老師說第二天全班要去郊遊，他們會到湖邊玩。

　　她說大鳥叔叔會教他們划獨木舟，到時候還
會一起野餐和進行足球比賽。

大家都很興奮，猴子和獅子說在湖邊踢球一定很好玩。

老虎說他最期待的是划獨木舟，河馬說他最
期待的是野餐！

但敏敏一點也不興奮，因為她開始緊張。
她想，如果她不會划船怎麼辦？足球踢得不好
怎麼辦？

她去找鱷魚先生，把自己擔心的事情告訴他，鱷魚先生認真地聽着。

鱷魚先生說，每個人都有擔心應付不來難題的時候。他說，他小時候經常騎單車上學，但總是擔心單車會壞，擔心自己處理不了。

　　鱷魚先生說，有一天他的單車果然壞了，他開始緊張，但他叫自己保持冷靜。於是，他先深呼吸，然後想辦法去解決問題。

修理單車實在很困難，但他沒有放棄。所以做到的時候，他感到很自豪！他說深呼吸後再想辦法是個好主意。

鱷魚先生說最重要的是保持冷靜，不要放棄。敏敏說她也能這麼做！現在她開心多了。

第二天，大鳥老師帶全班來到了湖邊，大家都很興奮。首先，大鳥叔叔告訴他們在水邊怎樣確保安全，然後他教他們怎樣安全地進出獨木舟。敏敏認真地聽着。

　　接下來，大鳥叔叔向他們展示怎樣划獨木舟，真是很有趣呢！然後，大鳥叔叔說大家可以隨意在湖上划船。

大家各自出發，但敏敏划到湖中心時，她的槳掉在水裏漂走了。敏敏開始緊張，不知道該怎麼辦。

然後敏敏想起了鱷魚先生的話，於是她深呼吸，保持冷靜，沒有放棄。她用其中一隻腳來划船，但沒有用。

　　她又用另一隻腳划船，還是沒用。

26

敏敏終於想到該怎麼做了！她再次嘗試，這次用兩隻腳一起划船。她做到了！大鳥叔叔說敏敏處理得很好！

接下來，是踢足球的時間。敏敏還記得要保持冷靜，也記得要努力嘗試，不要放棄。她用力一踢，足球從守門員灰狼的頭上越過！

可惜球打到了門柱，敏敏沒有進球得分。不過，敏敏一點也不介意，她很高興自己有努力嘗試，大家也為她鼓掌歡呼。敏敏說，保持冷靜和努力嘗試比擔心好得多了，大家都點頭贊成！

🐛 認識正向心理學的 24 個性格強項

正向心理學之父馬丁·賽里格曼 (Martin Seligman) 與其他學者合作，研究出一套以科學驗證為基礎的正向心理學理論，提出每人都能培育及運用所擁有的性格強項，活出更豐盛的人生。

正向心理學中的性格強項分成 6 大美德 (Virtues)，共 24 個性格項 (Character Strengths)。只要我們好好運用性格強項和應用所累積的正向經驗，日後無論是在順境或逆境中，我們仍然能從中獲得快樂及寶貴的經驗。

現在，一起來認識 24 個性格強項：

智慧與知識
(Wisdom & Knowledge)
喜愛學習 (Love of Learning)
開明思想 (Judgement)
洞察力 (Perspective)
創造力 (Creativity)
好奇心 (Curiosity)

勇氣
(Courage)
正直 (Honesty)
勇敢 (Bravery)
熱情與幹勁 (Zest)
毅力 (Perseverance)

節制
(Temperance)
謙遜 (Humility)
審慎 (Prudence)
寬恕 (Forgiveness)
自我規範 (Self-regulation)

24個
性格強項

公義
(Justice)
公平 (Fairness)
團隊精神 (Teamwork)
領導才能 (Leadership)

靈性與超越
(Transcendence)
希望 (Hope)
感恩 (Gratitude)
幽默感 (Humour)
靈修性 (Spirituality)
對美麗和卓越的欣賞
(Appreciation of Beauty and Excellence)

仁愛
(Humanity)
愛 (Love)
仁慈 (Kindness)
社交智慧 (Social Intelligence)

故事中主角所發揮的性格強項

斑馬敏敏不是很會面對和處理困難，她常常因不同的事而感到緊張和憂慮，也總是擔心自己做不好事，甚至感到很難過。快要去遊玩的時候，她也只擔心自己會什麼事都做不好，無法期待。

後來，在鱷魚先生的建議下，敏敏即使在划船時遇到突發事，她發揮了**勇敢**和**毅力**的性格強項，嘗試**自己處理問題**。即使問題不能立刻解決，敏敏也再次嘗試，**不放棄**，積極地處理難題。面對困難，她終於不再害怕，而是**勇敢**地面對。

親子 / 師生共讀建議

讀完故事後，和孩子談談這本書：

1. 與孩子談談故事的情節，鼓勵孩子按時間順序複述故事的情節。

2. 請孩子回想一下他們覺得應付不了的情況。有沒有做過很困難的事情？或對學習某種新技能感到焦慮？鼓勵孩子跟大家分享自己的經驗，並提醒他們別人說話時要安靜地聆聽，不要打斷對方。

3. 請孩子回想一下他們決心要克服問題的時刻——例如學騎單車、學游泳，或修補某個特別物件，比如心愛的玩具。成功做到後有什麼感覺？

4. 問問孩子為什麼面對困難時不斷嘗試很重要。為什麼保持冷靜也很重要？

5. 請孩子用三幅連貫的圖畫，簡單畫敏敏用一隻腳，再用另一隻腳，最後兩隻腳一起划獨木舟的情形。最後寫標題：敏敏嘗試……嘗試……再嘗試！

正向教育故事系列

斑馬敏敏，請勇破困難

作　　者：蘇·格雷夫斯（Sue Graves）
繪　　圖：特雷弗·鄧頓（Trevor Dunton）
翻　　譯：潘心慧
責任編輯：黃碧玲
美術設計：郭中文
出　　版：新雅文化事業有限公司
　　　　　香港英皇道499號北角工業大廈18樓
　　　　　電話：（852）2138 7998
　　　　　傳真：（852）2597 4003
　　　　　網址：http://www.sunya.com.hk
　　　　　電郵：marketing@sunya.com.hk
發　　行：香港聯合書刊物流有限公司
　　　　　香港荃灣德士古道220-248號荃灣工業中心16樓
　　　　　電話：（852）2150 2100　傳真：（852）2407 3062
　　　　　電郵：info@suplogistics.com.hk
印　　刷：中華商務彩色印刷有限公司
　　　　　香港新界大埔汀麗路36號
版　　次：二〇二三年十月初版

版權所有·不准翻印

ISBN : 978-962-08-8219-7
Original published in the English language as *"Zebra Can Cope (A book about resilience)"*
Text © Hodder and Stoughton 2022
Illustrations © Trevor Dunton 2022
Copyright licensed by Franklin Watts, an imprint of Hachette Children's Group,
Part of Hodder and Stoughton
Traditional Chinese Edition © 2023 Sun Ya Publications (HK) Ltd.
18/F, North Point Industrial Building, 499 King's Road, Hong Kong
Published in Hong Kong SAR, China
Printed in China